Ingrid Wurst

Bastelspaß für Regentage

Kinderleichte Ideen mit verschiedenen Materialien

frechverlag

Von der bekannten Autorin Ingrid Wurst sind im frechverlag zahlreiche andere Titel erschienen. Hier eine Auswahl:

TOPP 2165

TOPP 2213

TOPP 2103

TOPP 1889

TOPP 1745

TOPP 1565

Fotos: frechverlag GmbH + Co. Druck KG, 70499 Stuttgart; Fotostudio Ullrich & Co., Renningen

Auflage: 5. 4. 3. 2. 1. | Letzte Zahlen
Jahr: 2001 2000 1999 98 97 | maßgebend

frechverlag GmbH + Co. Druck KG, 70499 Stuttgart

ISBN 3-7724-2224-1 · Best.-Nr. 2224

Druck: frechverlag GmbH + Co. Druck KG, 70499 Stuttgart

Uff, was für ein Wetter! Dunkle Wolken schieben sich über den Himmel, der Regen will gar nicht mehr aufhören. Die ganze Welt scheint trist und trübe zu sein ... Für Kinder sind solche Tage ganz besonders grau, denn wenn man draußen nicht spielen kann, dann macht sich schnell Langeweile breit.

Aber das gehört ab sofort der Vergangenheit an – denn jetzt ist

kunterbunter Bastelspaß für Regentage

angesagt! Hier gibt's für alle Altersgruppen fröhlich-bunte Bastelideen, und bei so tollen Materialien wie Moosgummi, Tonkarton oder Wellpappe und Knetton hat Langeweile keine Chance mehr!

Dann purzeln die Regentropfen gleich samt Regenschirm auf die Erde, das Mäuschen hat im Apfelhaus ein trockenes Plätzchen gefunden, und was ein rechter Tonkarton-Fisch sein will, trägt Schirm! Vor lauter Begeisterung über das Regenwetter ist auch der Wellpappe-Frosch kaum noch zu halten, die Regentropfen tanzen im Kreis, und aus Konservendosen oder Korken entstehen Schiffe und Wasserflugzeuge, die nach dem Regenguß in den Pfützen schwimmen. Übrigens – wenn der Regen nach der Bastelstunde immer noch nicht aufgehört hat, wozu hat man dann eine Badewanne?

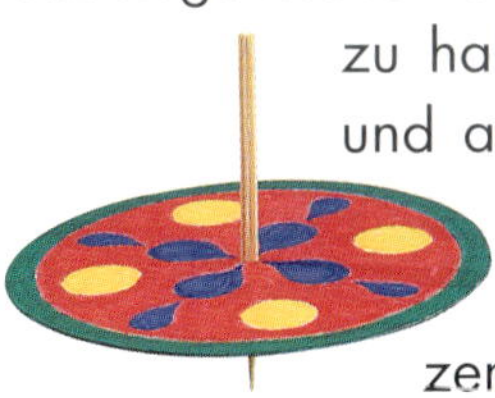

Denn am Wetter kann man zwar nichts ändern, aber gegen Langeweile läßt sich durchaus was tun!

Viel Spaß beim gemeinsamen Basteln
wünscht Ihnen Ihre

Ingrid Wurst

Tips und Tricks fürs Basteln

Moosgummi:

Moosgummi, das im Fachhandel in vielen verschiedenen Farben erhältlich ist, ist wetterfest und abwaschbar.
Zum Ausschneiden genügt eine kleine scharfe Bastelschere. Als Klebstoff verwenden Sie am besten UHU Kraft, den Sie einseitig auftragen. Wölben sich die Teile nach dem Verkleben nach oben, drücken Sie sie einfach nochmals kurz zusammen. Bei kleineren Kindern sollte hier unbedingt ein Erwachsener beim Kleben mithelfen.

Modelliermasse:

Lufttrocknende Modelliermasse erhalten Sie als weißen Knet- sowie als Terrakottaton (z.B. von Hobbidee).
Schneiden Sie ein Stück Ton ab, und kneten Sie ihn vor dem Modellieren gut durch.
Wenn Teile angesetzt werden sollen, wie z.B. Ohren, bestreichen Sie die Stellen mit Schlicker. Dazu geben Sie etwas Modelliermasse in ein Schälchen und fügen ein bißchen Wasser hinzu; dann wird alles mit einem Holzstäbchen zu einem weichen Brei verrührt, eben zu dem oben erwähnten Schlicker.
Alle Figuren werden an der Luft getrocknet. Und wer möchte, kann danach seine Figur auch noch mit Bastelfarbe bemalen.

Messingstäbe:

Sie sind im Baumarkt erhältlich und werden mit einer Zange auf die benötigte Länge gekürzt. Alternativ können Sie für die Stecker auch einen Schaschlikstab verwenden.

Bastelfarben:

Bastelfarben müssen, bevor Sie sie verwenden, unbedingt gut umgerührt werden.
Farbflecken auf der Kleidung entfernen Sie, indem Sie sie schnellstmöglich auswaschen. Auch Pinsel sollten sofort mit Wasser gereinigt werden.

Aufhängen von Fensterbildern:

Sie können Ihre Fensterbilder entweder mit Klebebandstreifen oder mit einem Faden aufhängen.
Sofern Sie sich für einen Faden entschieden haben, balancieren Sie das Motiv zwischen Daumen und Zeigefinger aus. Einige Millimeter vom Rand entfernt stechen Sie dann eine Nadel in den Tonkarton und ziehen den Faden durch.

Schritt für Schritt erklärt

Mit Schablonen arbeiten:

1 Zuerst legen Sie Transparentpapier auf den Vorlagenbogen und übertragen mit einem Bleistift alle Einzelteile des ausgewählten Motivs ohne Überschneidungen.

2 Nun kleben Sie das bemalte Transparentpapier auf eine dünne Pappe und schneiden die Formen aus – Ihre Schablonen sind fertig! Jetzt können Sie jede einzelne Schablone auf das jeweils gewünschte Material legen, um anschließend alle Umrisse mit einem Bleistift nachzuzeichnen.

3 Alle ausgeschnittenen Teile fügen Sie danach zu dem Motiv zusammen; die Vorlage sowie das Foto geben Ihnen dabei Positionierungshilfe. Die Innenlinien nicht vergessen!

Deshalb sollten Sie für jede Bastelstunde folgende Materialien bereitlegen:

- Bleistift
- Radiergummi
- Spitzer
- Transparentpapier
- Dünne Pappe
- Schere
- Lineal
- Schwarzer Filzstift
- UHU Kraft
- Klebstoff (UHU)
- Pinsel
- Wasserbehältnis

April-wetter

Mit Fensterfolie können Sie ganze Szenen an Ihre Fensterscheibe zaubern. Denn die Folie haftet allein durch statische Aufladung, also ganz ohne Klebstoff auf allen glatten Flächen. Und sie läßt sich leicht vom Fenster lösen und an einer anderen Stelle wieder anbringen. Fensterfolie erhalten Sie im Fachhandel in einer Mappe mit gemischten Farben, transparent und opak (undurchsichtig).

Fensterfolie in verschiedenen Farben
Wasserfester Filzstift in Schwarz
Schere

Alle Motive werden mit Bleistift auf das Trägerpapier der Fensterfolie übertragen und danach ausgeschnitten. Das Gesicht der zweiteiligen Sonne und der Schnecken sowie die Spiralen der Schneckenhäuser werden mit einem schwarzen, wasserfesten Filzstift aufgemalt.

Sofern Sie opake Fensterfolie verwenden, sollten Sie alle Innenlinien auf der Rückseite der Folie nochmals möglichst deckungsgleich aufzeichnen. Ebenso müssen die Regentropfen auf beiden Seiten der Wolke angebracht werden. Dann macht doch sogar das Aprilwetter so richtig Spaß!

Schiff ahoi!

Wenn nach dem großen Regenguß die Pfützen rufen, ist es Zeit für dieses Segelschiff! Bestimmt findet sich im Kinderzimmer eine Spielfigur, die als Passagier mitfahren möchte. Und – wenn der Regen gar nicht aufhören will: Wozu gibt's denn eine Badewanne?

1 Fischkonserve, 15 cm lang
1 Zwiebel- oder Zitronennetz
1 Schaschlikstab
1 Zahnstocher
Bastelfarbe in Weiß
Pinsel
Moosgummi in Weiß und anderen Farben
Filzstift in Schwarz
1 Holzperle, ø 0,6 cm
2 Moosgummischeiben mit Loch, ø 2,3 cm
2 Moosgummiräder, ø 1,6 cm
Sterne (Moosgummi-Fertigteile)
Geschenkband in Weiß, 0,4 cm breit
Wollrest
Häkelnadel
Lochzange
UHU Kraft
Schere

Den Dosenrand bekleben Sie mit einem 2,2 cm breiten, weißen Moosgummistreifen, der etwa 40 cm lang ist. Wenn Ihre Dose kleiner ist, müssen Sie die Maße natürlich entsprechend ändern. Beide Moosgummiräder aufeinanderkleben, innen am Boden der Dose befestigen und den bemalten Schaschlikstab einstecken und festkleben.
Die kleine bunte Moosgummifahne fixieren Sie kantig an einem weiß bemalten Zahnstocher, dessen eine Spitze abgeschnitten wird, setzen dann auf die andere Spitze eine Holzperle und befestigen die Zahnstocher-Fahnenstange auf dem Boden und am Rand der Dose.
Alle Fische, die aus Moosgummi geschnitten sind und ihr Auge aufgemalt bekommen haben, werden in ein Netz gelegt, das anschließend über den Schaschlikstab gesteckt wird. Erst jetzt stellen Sie das weiße Moosgummisegel her, verzieren es mit den Streifen und dem Stern und stanzen oben und unten je ein Loch hinein – hier wird es ebenfalls auf den Schaschlikstab aufgesteckt. Noch ein Tip, wenn Sie mit kleineren Kindern basteln: Befestigen Sie oben auf dem Schaschlikstab zusätzlich eine Perle, damit sich niemand an der Spitze verletzt.
Für den Schwimmring benötigen Sie zwei Moosgummischeiben, die Sie zusammenkleben und mit weißem Geschenkband umwickeln.

Das Tau besteht aus einer Luftmaschenkette, die aus einem Wollrest gehäkelt wird.
Und wer will, kann sein stolzes Schiff auch noch mit Sternen dekorieren. Ahoi!

Für alle Fälle!

Pinguin Fritz hat eine Verabredung, und da er dem Wetter nicht traut, nimmt er vorsichtshalber seinen Schirm mit.

Tonkarton in Weiß, Schwarz,
Rot, Orange, Gelb, Grün
2 Wackelaugen (ø 1,4 cm)
Filzstift in Schwarz
Lineal, Schere
Klebstoff

Unter den rechten Flügel kleben Sie zuerst die zweiteilige Tulpe und befestigen dann erst das schwarze Kopf-Flügel-Teil samt Blume auf dem weißen Pinguinbauch.
Nun erhält Fritz die Wackelaugen sowie seinen Schnabel, bei dem Sie die Innenlinie und beide Nasenöffnungen mit einem schwarzen Filzstift aufmalen.
Die Schildmütze und die zweiteilige Fliege warten auf ihre schwarz aufgemalten Punkte; ziehen Sie dabei die Kontur der Mütze ebenfalls mit einem Stift nach.
Beide Füße befestigen Sie auf der Rückseite und setzen den witzigen Pinguin dann auf die Grasfläche.
Und für alle Fälle erhält Fritz noch seinen zweiteiligen Schirm, wobei Sie die Trennlinien mit dem schwarzen Filzstift und einem Lineal nachziehen.

Wetterfrosch

Sobald sich das Wetter ändert, wird der rote Zeiger auf das jeweilige Wettersymbol gedreht – dann weiß jeder Bescheid, wie's draußen aussieht!

Anleitung siehe Seite 12

Wellpappe in Grün
Tonkarton in Weiß, Schwarz und Rot
Tonpapier in Gelb, Blau, Hell- und Dunkelgrau
2 Wackelaugen, ø 3 cm
1 Musterbeutelklammer
Filzstifte
Kleine spitze Schere
Decorlack in Gelb (Tube)
Klebstoff
Schere

Anleitung zu Motiv Seite 11:

Auf dem weißen Tonkartonkreis ordnen Sie die einzelnen Wettersymbole aus Tonpapier an, wobei die Gewitterwolke einige gelbe Blitze aus Decorlack erhält. Regentropfen und Schneeflocken werden mit Filzstiften direkt aufgezeichnet.
Mit einer kleinen spitzen Schere durchbohren Sie den Kreismittelpunkt; auch der Froschbauch erhält an der markierten Stelle (siehe Vorlagenbogen) ein Loch. Den Zeiger fertigen Sie aus Stabilitätsgründen zweimal aus rotem Tonkarton und kleben die beiden Teile exakt aufeinander. Nun befestigen Sie mit einer Musterbeutelklammer zuerst den Zeiger auf dem Tonkartonkreis und das Ganze schließlich auf dem Froschkörper. Da sich der Tonkartonkreis nicht drehen darf, wird er zusätzlich auf dem Froschbauch aufgeklebt.
Erst jetzt fixieren Sie beide Arme des Frosches sowie das Gesicht mit den Augen, den Nasenöffnungen, dem Mund und den Schmunzelbäckchen.
Und wie sieht das Wetter heute aus?

Windmarie

Meistens kommt der Regen nicht allein – er bringt auch den Wind mit. Und dann freut sich die Windmarie auf dem Balkon und dreht sich rundherum.

Moosgummi in Rot, Grün, Gelb und Hautfarben
1 Papprolle, z.B. von Haushaltspapier (ø 4,0 – 4,5 cm)
1 Holzstab, 57 cm lang, ø 1 cm
Tex-Pen in Rot und Schwarz (Hobbidee)
Locher
Zackenschere, Schere
UHU Kraft

Für den Körper benötigen Sie ein rotes Moosgummirechteck, das Sie zu einer Röhre zusammenkleben. Legen Sie dazu das Rechteck um eine Papprolle, z.B. von einem Haushaltspapier, und kleben Sie die beiden Seiten auf der Klebenaht aufeinander.

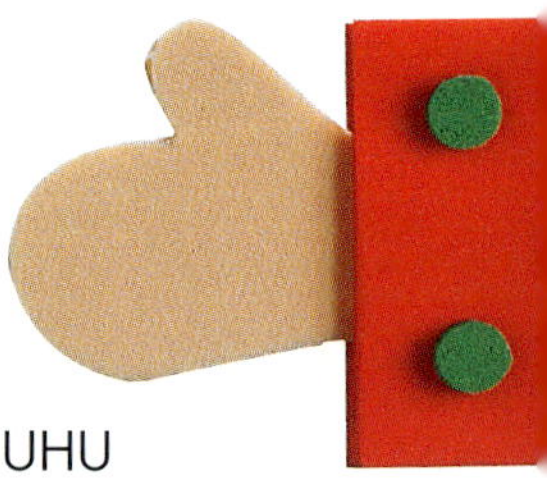

Dann bestreichen Sie die obere Öffnung der Röhre mit UHU Kraft und fixieren darauf einen Moosgummikreis ohne Loch, der einen größeren Durchmesser als die Röhre haben sollte. Erst wenn der Klebstoff trocken ist, können Sie den Moosgummikreis ringsum kantig abschneiden.
Die Windmarie erhält das mit Tex-Pen bemalte hautfarbene Gesicht sowie das vordere und hintere Haarteil, die Sie getrennt aufkleben. Schließlich setzen Sie ihr noch den grünen Tütenhut auf.
Beide Arme werden doppelt benötigt, wobei Sie die Hände dazwischenkleben. Die Verzierungen bestehen aus gelochten Moosgummikreisen sowie aus halbierten Kreisen, die Sie

nebeneinander zu einer Borte anordnen. Und wer möchte, dekoriert auch die Rückseite!
Danach befestigen Sie beide Ärmel kantig am Körperteil. Für den Abschluß des Unterteils wird ein weiterer Moosgummikreis benötigt, in dessen Mitte Sie ein Loch schneiden und den Kreis dann unten an der Röhre befestigen. Durch das Loch wird später der Holzstab gesteckt, deshalb muß es genau in der Mitte des Kreises sitzen. Auch hier wird nach dem Trocknen wieder kantig abgeschnitten.

Die untere Klebestelle wird mit einem grünen Moosgummistreifen (17 cm lang, 1 cm breit), den Sie auf der einen Seite mit der Zackenschere schneiden, abgedeckt.
Zuletzt erhält die Windmarie noch ihre dekorativen Knöpfe. Und sobald Sie den Holzstab durch die untere Öffnung gesteckt haben und die Windmarie ihren Platz in einem Blumenkasten oder Beet gefunden hat, heißt es: Wind, Wind, blase ...!

Regentropfen-Mobile

Trotz schlechten Wetters verbreitet dieses Mobile gute Laune. Und da die Schablonen immer für beide Seiten genutzt werden können, ist es auch ruckzuck fertig!

Tonkarton in Blau, Pink und Hellgrau
Filzstift in Schwarz
Klebstoff
Nadel
Aufhängefaden
Schere

Zuerst erhalten alle Regentropfen beidseitig ein lustiges Gesicht, das Sie mit einem schwarzen Filzstift aufmalen. Den unteren Rand der Regenschirme ziehen Sie jeweils auf beiden Seiten mit dem Filzstift ebenfalls nach.
Der erste und der letzte Regentropfen im Mobile erhält einen Regenschirm, den Sie sowohl an der Hand als auch am Körper festkleben. Danach hängen Sie die drei fröhlichen Gesellen an die Wolke.
Die angegebenen Aufhängestellen (siehe Vorlagenbogen) erleichtern Ihnen zwar das Auspendeln; allerdings sollten Sie selbst bei jedem Motiv nochmals überprüfen, ob der Aufhängepunkt stimmt.

Regentropfen-Stecker

Und weil diese lustigen Kerlchen so nett sind, kann man sie auch als Stabdekoration verwenden.

Dann brauchen Sie zusätzlich nur noch einen Messingstab (ø 2 mm, etwa 30 cm lang), den Sie jeweils auf der Rückseite der Tropfen anbringen.

Floß und Wasserflugzeug

Diesmal kommt nicht nur der Regen von oben, sondern auch ein Wasserflugzeug. Genauso wie das Floß schwimmt es auf allen Pfützen und natürlich auch im Waschbecken!

Für das Floß:

20 Korken
Zahnstocher
1 Schaschlikstab
Perlgarn
1 Holzperle (ø 1 cm)
Filzreste in verschiedenen Farben
Handbohrer oder spitze Schere
Klebstoff, Schere

Für das Flugzeug:

5 Korken
Zahnstocher
Handbohrer
Bastelfarbe in Gelb und Grün
Pinsel
Zackenschere, Schere
Moosgummi in verschiedenen Farben
1 Holzperle (ø 0,6 cm)
1 Stecknadel mit Kopf
UHU Kraft

Das Floß:

Fünf Korken verbinden Sie zuerst senkrecht jeweils mit einem halben Zahnstocher: Mit einem Handbohrer oder einer kleinen spitzen Schere bohren Sie dazu ein Loch in die Kreisfläche des ersten Korkens, in das Sie den halben Zahnstocher zur Hälfte einstecken und festkleben. Der zweite Korken wird auf das herausstehende Zahnstocher-Teil gesteckt und ebenfalls festgeklebt. Auf diese Weise basteln Sie mit den fünf Korken die erste Längsseite des Floßes und wiederholen diesen Arbeitsschritt noch dreimal, so daß Sie am Schluß vier „Fünfer-Ketten" in Händen halten. Diese vier Korken-Reihen werden nun nach demselben Prinzip mit gekürzten Zahnstochern zusammengesteckt, so daß die komplette Floßfläche entsteht.

Dann wird ein Schaschlikstab als Mast in die Mitte der Korkenfläche gesteckt und mit Klebstoff befestigt; an die Spitze binden Sie ein doppeltgelegtes Perlgarnstück – die Länge richtet sich dabei nach der Korkengröße. Die Perlgarnfäden kleben Sie an den rechten und den linken Rand zwischen die zweite und dritte Korkenreihe. Bunte Filzfahnen, die Sie um das Perlgarn legen und zu Dreiecken kleben, lassen das Floß noch lustiger aussehen. Zum Schluß wird der Schaschlikstab-Mast noch mit einer Holzperle dekoriert.

Das Flugzeug:

Drei Korken der Länge nach mit einem Handbohrer durchbohren und mit Zahnstochern verbinden. Diesen Flugzeugrumpf sowie die Kufen mit Bastelfarbe bemalen.

In beide Kufen jeweils rechts und links am Rand ein Loch bohren, ebenso am Flugzeugrumpf, den Sie dann mit jeweils zwei Zahnstochern mit den Kufen verbinden.

Aus Moosgummi die Tragfläche zuschneiden und aufkleben. Beide Seiten werden jeweils mit einem Moosgummistreifen, den Sie mit der Zackenschere schneiden, verziert. Durch den Propeller stekken Sie eine Stecknadel, fädeln dann eine Holzperle auf und befestigen alles zusammen an der Rumpfvorderseite. Auf der Rückseite des Flugzeuges wird noch das zweiteilige Leitwerk ergänzt.

Springende Fische

Bevor es regnet, verhalten sich einige Tiere anders als sonst. So fliegen z.B. die Schwalben ganz tief, und die Fische springen aus dem Wasser.

Tonkarton in Blau und Grau
Tonpapier in verschiedenen Farben für die Fische
Dünne, spitze Schere
Filzstift in Schwarz
1 Musterbeutelklammer
Klebstoff, Schere

Bevor Sie den grauen Tonkartonkreis ausschneiden, markieren Sie die Kreismitte sowie die Stellen, an denen später die jeweiligen Fische aufgeklebt werden. Aus Tonpapier fertigen Sie die Fische, die mit einem dünnen Tusche- oder Filzstift verziert werden.

Danach bringen Sie alle Fische auf dem Tonkartonkreis an. Den Wasserhalbkreis mit dem Haltegriff aus Tonkarton herstellen und auch hier den Punkt für die Musterbeutelklammer markieren.

Durch beide Markierungen wird mit einer dünnen, spitzen Schere ein Loch gebohrt, durch das eine Musterbeutelklammer gesteckt wird – so sind beide Teile miteinander verbunden!

Und sobald man die graue Scheibe nach rechts dreht, springen die Fische aus dem Wasser und tauchen kurz danach wieder ein. Das kann nur eines heißen: Bald regnet's!

Regentropfen-Kreisel

Wenn Regentropfen sich im Kreise drehen, wird das Regenwetter eine farbenfrohe Sache!

Tonkarton in Weiß
1 Schaschlikstab
Perlgarn
Filzstifte
Klebstoff
Stopfnadel
Schere

Der Kreis wird samt Kreismitte und Regentropfenmuster auf Tonkarton übertragen und ausgeschnitten. Danach kleben Sie diesen Kreis erneut auf ein Tonkartonstück und schneiden ihn nochmals aus – damit wird der Kreis so richtig stabil!
Nun kann der Kreis mit Filzstiften ganz bunt bemalt werden, und wer möchte, verziert auch noch die Unterseite einfarbig.

Von einem Schaschlikstab wird dann ein 7 cm langes Stück einschließlich Spitze abgeschnitten. Von der Stabspitze messen Sie 2,5 cm ab, und markieren diesen Punkt mit einem Bleistiftstrich. Mit einer Stopfnadel wird die vormarkierte Mitte auf den Tonkartonkreisen durchbohrt und mit einer kleinen, spitzen Schere so wenig erweitert, daß der Schaschlikstab nicht zu leicht durchgezogen werden kann. Dabei schieben Sie den Tonkartonkreis fast bis an das stumpfe Ende des Schaschlikstabs.
Nun benötigen Sie einen ca. 4 cm langen Faden, den Sie an der markierten Stelle um den Stab wickeln und festkleben. Darauf fixieren Sie zum Schluß noch den Tonkartonkreis. Der Faden verhindert, daß die Tonkartonscheibe durchrutscht.
Und damit ist der Kreisel fertig und muß natürlich sofort getestet werden – schließlich regnet es draußen ja!

Gut beschirmt

Bei diesem Mobile entscheiden Sie selbst, wie groß es werden soll! Schon eine kleine Wolke mit nur zwei Fischen wirkt recht hübsch. Und je länger es regnet, um so mehr Fische und Wolken kommen hinzu.

Tonkarton in Weiß, Gelb, Blau und in verschiedenen anderen Farben
Nadel
Aufhängefaden
Filzstift in Schwarz
Klebstoff
Schere

Alle Fische werden einmal benötigt, wobei Sie beidseitig das Auge und den Mund aufmalen sowie die Rückenflosse konturieren.
Dann erhält jeder Fisch auf beiden Seiten seinen Schirm, den Sie durch schwarze Trennlinien vervollständigen. Und damit der Schirm nicht ins Wasser fällt, wird er auf beiden Körperseiten mit der Flosse festgehalten. Die Umrisse der Flossen können Sie dabei ebenfalls mit einem Stift nachziehen. Nun darf der Fisch aus dem Wasser schauen; die blaue Wasserfläche für die Rückseite arbeiten Sie möglichst dekkungsgleich.
Bevor Sie die Fische an die Wolke hängen, balancieren Sie das Motiv zwischen Daumen und Zeigefinger gut aus. Einige Millimeter vom Rand entfernt stechen Sie dann mit einer Nadel in den Tonkarton und ziehen den Faden durch.
Ob es bei Ihren Fischen ganz stark regnet oder nur tröpfelt, entscheiden Sie selbst durch die Anzahl der Regentropfen. Und zum Schluß befestigen Sie die beiden kleineren Wolken an der großen Trägerwolke.
Die Sonne mit ihren Sonnenstrahlen schneiden Sie einmal aus und kleben beidseitig einen lachenden Gesichtskreis auf. Und dann wird das Ganze im Zimmer aufgehängt und bringt fröhliche Laune in das Regenwetter!

Ein köstlicher Regenschutz

Der Regen kann dem Mäuschen nichts mehr anhaben. Denn es schaut zufrieden aus seinem Apfelfenster heraus – und köstlich schmeckt es auch noch!

Tonkarton in Grün, Rot,
Gelb, Blau, Braun und Grau
Filzstift in Schwarz
Klebstoff, Schere

Das gelbe Fruchtfleisch sowie den Stiel kleben Sie auf die Rückseite des Apfels, den Sie anschließend von hinten in das saftige Gras setzen.

Damit die Maus aus ihrem Apfelfenster schauen kann, malen Sie ihr mit einem schwarzen Filzstift die Augen und das Schnäuzchen auf. Beide Ohren werden auf der Rückseite ergänzt. Nun werden die Trennlinien auf den Pfötchen nachgezogen, die Sie rechts und links auf dem Apfel plazieren. Dann findet auch der Kopf seinen Platz auf dem Apfel.

Das Blatt festkleben sowie die Blattadern mit einem Filzstift nachziehen. Und schließlich fallen dicke Regentropfen auf das Apfelhäuschen, von denen das Mäuschen aber zum Glück nicht naß wird.

Hurra, es regnet!

Da soll es doch wirklich jemanden geben, der den lauen Sommerregen so richtig genießt. Unfaßbar!

Moosgummi in Weiß, Grün, Hell- und Dunkelblau
Tex-Pen in Orange und Schwarz (Hobbidee)
1 Messingstab, ø 2 mm und 43 cm lang
UHU Kraft
Schere

Alle Umrisse der Gans werden mit einem schwarzen Tex-Pen umfahren, dann wird das Auge aufgemalt. Erst jetzt schneiden Sie die Gans aus und bemalen schließlich den Schnabel und den Fuß in Orange.

Nachdem die Gans bereits im Gras liegt, fixieren Sie einige Regentropfen auf der Wolke und befestigen den Messingstab auf der Rückseite beider Teile. Mit einem Regentropfen verdecken Sie den Messingstab zwischen Wolke und Gans.

Regen muß schon etwas Tolles sein!

Kleiner Bär im Kürbisgeist

Schiebt man den Kürbisgeist in Richtung Deckel, verschwindet der kleine Bär in seinem regengeschützten Versteck. Da kann es so viel regnen, wie es will!

Tonkarton in Grün, Orange, Gelb, Blau, Braun und Beige
1 Messingstab (ø 2 mm und 28 cm lang)
1 Holzperle (ø 1 cm)
1 Trinkhalm (keinen Knicktrinkhalm)
Klebstoff
UHU por
Schere

Zuerst übertragen Sie den ganzen Kürbis auf Tonkarton und schneiden ihn in einem Stück aus. Danach wird der Kürbisdeckel abgeschnitten.

Nun erhält der Kürbis ein fröhlich lachendes, vierteiliges Gesicht und wird schließlich von hinten in die Wiese gesetzt. Der Kürbisstiel wird auf der Vorderseite, das dreiteilige Bärchen jedoch auf der Rückseite des Deckels fixiert. Und dicke Regentropfen prasseln auch noch von vorne auf den kleinen Kürbisgeist.

Nun kann der Messingstab auf der Rückseite des fertigen Kürbisdeckels von der Bärenunterkante bis zum Ende des Kürbisstiels mit UHU por angeklebt werden – achten Sie darauf, daß er in der Mitte sitzt.

Damit sich der Kürbis auch öffnet und schließt, benötigen Sie ein 2,2 cm langes Trinkhalmstück. Bevor Sie es aufkleben, legen Sie den geschlossenen Kürbis so vor sich hin, daß die Rückseite zu Ihnen schaut. Da der Messingstab nach unten über die Bärenunterkante hinaus weiter verläuft, malen Sie unterhalb der Bärenunterkante rechts und links des Messingstabes zwei Markierungsstriche auf. Ebenso wird die waagrechte Unterkante des Bärchens markiert. Durch diese drei Striche erhalten Sie die Position für den 2,2 cm langen Trinkhalm, den Sie mit UHU por befestigen. Dann wird der Messingstab von oben in den aufgeklebten Trinkhalm geschoben.

Eine Holzperle, die Sie anschließend von unten durch den Messingstab schieben und festkleben, dient als Stopper – damit können Sie selbst festlegen, wie weit das Bärchen bei Regenwetter herausschauen darf.

Walnußboote und Leuchtturm

Diese Boote sind rasch gebastelt und schwimmen überall, wo's Wasser gibt! Und damit sie immer wissen, wo's lang geht, brauchen sie auch einen Leuchtturm.

Halbierte Walnußschalen
Bastelfarbe in Weiß und Rot
Knetgummi in Weiß
Schere
Zahnstocher
Moosgummi
4 Weinkorken
Wasserfester Filzstift in Schwarz
Decorlack in der Tube
Pinsel
UHU Kraft

Die Boote:

Die Walnüsse werden an der breiten Seite mit einer Schere geöffnet. Dazu stecken Sie die Scherenspitze zwischen die beiden Nußhälften; dann wird die Schere so lange gedreht, bis die Nuß auseinanderspringt – hier muß unbedingt ein Erwachsener helfen!

Danach darf die leere Walnußhälfte ringsum mit Bastelfarbe bemalt werden. Das Segel aus Moosgummi herstellen, mit Decorlack verzieren und auf der Rückseite einen Zahnstocher befestigen.

Nun wird eine kleine Kugel aus Knetgummi in die Nußschale gedrückt und darin das Segel befestigt.

Der Leuchtturm:

Die vier Korken ringsum mit weißer Bastelfarbe bemalen; nach dem Trocknen wird jeweils eine Korkenhälfte in Rot übermalt.

Nun kleben Sie alle Korken aufeinander und malen mit einem wasserfesten Filzstift Fenster und eine Tür auf. Rotes Moosgummi wird zu einem Dach zusammengeklebt und auf dem Leuchtturm befestigt.

Lisa

Wetterbeobachtung mit Kiefernzapfen

Mit Kiefernzapfen kann man das Wetter gut beobachten! Denn die Zapfen schließen ihre Schuppen bei hoher Luftfeuchtigkeit, um ihre Samen vor dem Regen zu schützen. Bei trockener Luft und schönem Wetter sind sie weit geöffnet, damit der Wind ihre Samen fortblasen kann.

Lufttrocknende Modelliermasse (Hobbidee) oder Ton
Lederriemen in Weinrot oder Braun (ca. 6 cm)
Mattlack (nur für Modelliermasse erforderlich, die ins Freie kommt)
Haare von einem Kehrbesen
Untersetzer in Terrakotta oder aus Kunststoff (ø 28 cm)
Schaschlikstab
Blumenerde
Moos
Blätter und Zweige
Kiefernzapfen
Leere Schneckenhäuser
Äpfel
Alte Zeitung

Zuerst ist ein Spaziergang durch die Natur angesagt, bei dem Sie Kiefernzapfen, leere Schneckenhäuser, Moos usw. sammeln. Alle Schneckenhäuser werden zu Hause gründlich gereinigt und zum Trocknen auf eine Zeitung gelegt. Danach kann mit dem Modellieren begonnen werden.

Schnecke:

Die Größe der Schnecke richtet sich nach dem gefundenen Schneckenhaus. Zuerst rollen Sie eine Wurst, wobei das Hinterteil dünner ist. Auf der rechten und linken Seite wird die Modelliermasse mit Daumen und Zeigefinger dünn nach außen gezogen. Den Kopf drücken Sie leicht nach oben und setzen die Fühler mit Schlicker (siehe Seite 4) an. Zuletzt erhält die Schnecke ihr Schneckenhaus, das Sie einfach in die noch feuchte Modelliermasse drücken.

Maus:

Der Mauskörper entsteht aus einer Kugel, die Sie in Form drücken. Danach erhält die Maus ihre Ohren sowie ein Schnäuzchen aus einer kleinen Kugel.
Der ca. 6 cm lange Lederriemen wird als Schwanz ebenso wie die Barthaare von einem Kehrbesen in die noch feuchte Modelliermasse gesteckt. Mit dem stumpfen Ende eines Schaschlikstabes drücken Sie zum Schluß beide Augen in die Modelliermasse.

Igel:

Das Igelchen erfordert etwas mehr Zeit und Geduld. Sein Körper besteht aus einer Kugel, wobei Sie das Schnäuzchen spitz nach vorne modellieren. Viele kleine Würste werden mit Schlicker als Stacheln angesetzt. Zuletzt erhält der Igel seine Kugelnase und beide Augen.

Die Trocknungszeit der modellierten Tiere beträgt acht bis zehn Tage. Danach sind sie auch von innen gut durchgetrocknet und können mit Mattlack überzogen werden. Dieser Überzug ist besonders wichtig, da die Schale ja an einer regengeschützten Stelle auf den Balkon oder in den Garten gestellt werden soll.

Natürlich können Sie die Tiere auch aus Ton modellieren. Viele Fachgeschäfte und Töpfereien bieten Ihnen die Möglichkeit, Ihre Modelle zu brennen. In diesem Fall modellieren Sie Elemente wie die Schneckenhäuser ebenfalls aus Ton.

Sind Ihre Tiere fertig, füllen Sie etwas Blumenerde in den Untersetzer und verteilen darauf das Moos. Schließlich dekorieren Sie alles mit Kiefernzapfen, Schneckenhäusern, Blättern, Äpfeln und anderen Schätzen, die Sie in der Natur gefunden haben.

Regenwetter find' ich toll!

Der kleine Frosch läßt zum Zeitvertreib seine bunten Faltboote schwimmen. Und am besten funktioniert das, wenn es regnet!

Tonkarton in Mittel- und Dunkelgrün, Blau, Hellgrau, Braun, Rot, Weiß und Schwarz
Faltpapier (10 cm x 10 cm)
Papierumwickelter Blumendraht (ø 1 mm)
Klebstoff
Schere

Frosch:

Auf den Froschkörper kleben Sie die Vorderbeine und den Kopf, bei dem Sie die Nasenöffnungen aufmalen.
Das Schilfgras wird auf der Wasserfläche angebracht, und die Schilfrohrkolben werden befestigt. Eine Insel ragt aus dem Wasser, und darauf sitzt der kleine Frosch. Regentropfen nicht vergessen!

Faltboote:

Die Faltboote werden jeweils aus einem Faltpapierrechteck gefaltet, das Sie erst einmal zurechtschneiden müssen: 6,5 cm x 5 cm.

Faltanleitung siehe Seite 32

Faltanleitung:

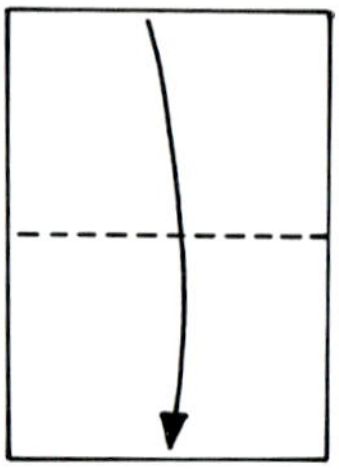

1 Das rechteckige Papier durch Falten in der Höhe halbieren.

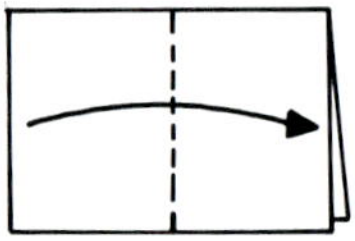

2 In der Breite ebenfalls halbieren, dann aber wieder öffnen.

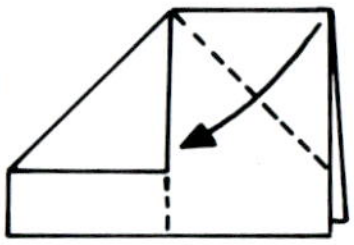

3 Die beiden oberen Ecken zur entstandenen Mittellinie nach unten falzen.

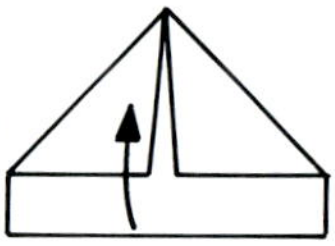

4 Danach die untere Seite des einen Dreiecks nach oben falten, das Papier auf die Rückseite umdrehen und dasselbe wiederholen.

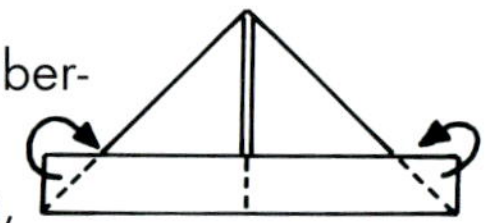

5 Beide seitlich überstehenden Ecken nach hinten falzen, das Papier umdrehen und den Faltvorgang auf der Rückseite wiederholen.

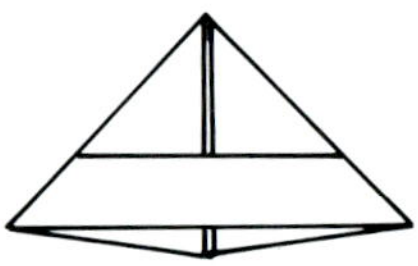

6 Nun halten Sie eine Hutform in Händen. Mit beiden Daumen von unten in den Hut greifen und die beiden gegenüberliegenden Ecken auseinanderklappen. So entsteht ein Quadrat, das auf einer Spitze steht.

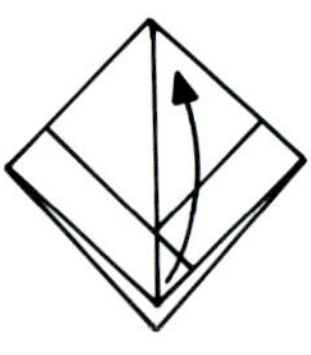

7 Nun die untere Hälfte des Quadrats nach oben falten.

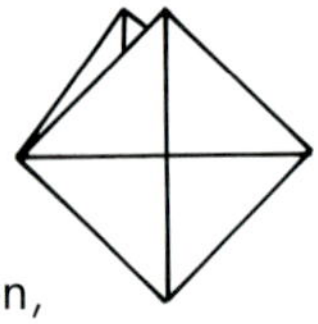

8 Dadurch erhalten Sie die abgebildete Figur. Die Form auf die Rückseite umdrehen, den Vorgang auf der anderen Seite wiederholen.

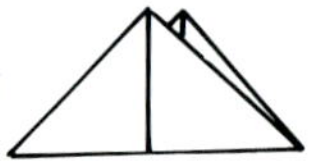

9 Das Dreieck wieder von unten öffnen und zum Quadrat falten (siehe Nr. 6).

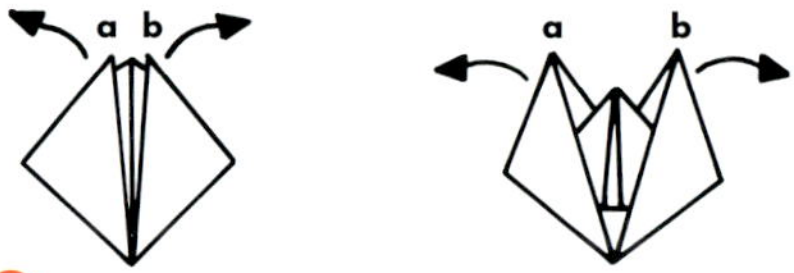

10 An den beiden oberen Spitzen (a und b) das Quadrat auseinanderziehen – so entsteht das Schiff!

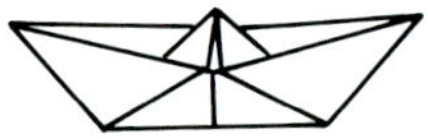

11 Das Schiff mit der Hand etwas flachstreichen. Danach greifen Sie in die untere Öffnung des Bootes und drücken sie etwas auseinander, damit das Schiff dreidimensional wirkt.

Für den Mast benötigen Sie einen Blumendraht (3,5 cm lang), den Sie an der inneren Falterhöhung von unten durch das Boot schieben und festkleben. Darauf wird das Segel, für das Sie auf dem Vorlagenbogen die Vorlage finden, befestigt.
Dann werden all die bunten Boote ins Wasser gesetzt – und der regenbegeisterte Frosch bastelt schon das nächste!